Bibliografische Information der Deutschen Nationalbibliothek:
Die Deutsche Nationalbibliothek verzeichnet diese Publikation
in der Deutschen Nationalbibliografie; detaillierte bibliografische
Daten sind im Internet über dnb.d-nb.de abrufbar.

TWENTYSIX – Der Self-Publishing-Verlag
Eine Kooperation zwischen der Verlagsgruppe Random House und
BoD – Books on Demand

© 2015 Uwe Vetterlein

Herstellung und Verlag:
BoD – Books on Demand, Norderstedt

ISBN: 978-3-7407-0695-1

Uwe Vetterlein

„Ziele sind der beste Therapeut"

Vorwort

Nicht dass Sie mich jetzt falsch verstehen, natürlich habe ich nichts gegen die vielen Therapeutinnen und Therapeuten die täglich mit ihrer teils schweren, aber sicher auch schönen Tätigkeit, vielen Menschen helfen, ihnen neuen Mut machen und sie wieder ins „Leben" zurückführen und über weitere Strecken begleiten.
All diesen Therapeutinnen und Therapeuten, egal ob sie in der Bewegungs-, Beschäftigungs- oder aber in der mentalen Therapie arbeiten, möchte ich hiermit meine uneingeschränkte Hochachtung aussprechen.

Allerdings soll es hier auch gar nicht direkt um die Arbeit von Therapeutinnen und Therapeuten gehen, sondern vielmehr um neue Überlegungen beim Einsatz in der Therapie und somit natürlich dann schon auch wieder zur direkten Umsetzung und Anwendung.
Immer wieder bin ich, sowohl durch eigenes Erleben als auch durch meine Tätigkeit als Unternehmensberater, mit den vielfältigsten menschlichen Problemen im täglichen Leben konfrontiert worden.
Ängste, Depressionen, Zukunftsunsicherheiten … spielen in unserer heutigen Zeit zunehmend eine immer größere Rolle.
Es gibt unzählige Therapien die teils erfolgreich, aber mitunter auch weniger erfolgreich angewandt werden, um den betroffenen Personen zu helfen.

Fast immer geht man von einem medizinischen bzw. psychischen Problem aus, sucht nach den tiefen Ursachen, bespricht und diskutiert diese und versucht mittels Trainings die entsprechenden Probleme zu überwinden.
Sicher funktioniert das soweit auch, zumal wenn die betreffenden Personen sich gut auf diese Methoden einlassen und entsprechend mitarbeiten, aber die Rückfallquoten sind meistens auch sehr hoch.

Meine Überlegungen sind nun also, dass nicht die Ursachen- und Umstandsergründungen im Vordergrund stehen sollten (ohne diese völlig zu vernachlässigen und zu ignorieren), sondern dass man sich auf zu erreichende Ziele konzentrieren sollte.
Nach dem Motto „Wenn ich weiß was ich will und dieses auch wirklich will, dann kann ich es auch tun".
Also Klarheit im Kopf bringt auch Klarheit bei dem was ich tue.

Der Titel „Ziele sind der beste Therapeut" ist somit vielleicht doch nicht ganz richtig gewählt, sondern müsste heißen „Ziele sind die beste Therapie", aber damit würde man wiederum die Menschen ignorieren, die einem bei der Beschreitung des richtigen Weges hilfreich zu Seite stehen und ohne diese geht es meistens dann doch nicht.

Wie auch immer, das Ziel ist das Entscheidende und Wichtige.

Inhalt

Ziele ? Was sind Ziele ?

Was wäre wenn ?

Kinderziele

Jugendziele

Partnerwahl

Berufliche Ziele

Finanzielle Ziele

Zukunftsunsicherheiten

Rhetorik / Schlagfertigkeit / Reaktionen

Kommunikation

Vorurteile

Innere Ruhe

Starke Frauen

Nein sagen können

Neid

Selbstbewusstsein – Selbstwertgefühl

Anerkennung

Depressionen

Ängste / Phobien

Burnout

Krankheiten

Altersziele

Motivationen

Ziele anpassen

Anleitung zum „Zielefinden"

Nochmal ein Resümee

Ziele? Was sind Ziele?

Jeder Mensch hat Ziele, oder, jeder?
Schon beim Nachdenken über diese Fragen wird klar, dass sie nicht einfach und eindeutig zu beantworten sind.

Also, was sind eigentlich Ziele?

Lt. offizieller Definition :

„Bezeichnet der Begriff   Ziel einen in der Zukunft liegenden, gegenüber dem Gegenwärtigen im Allgemeinen veränderten, erstrebenswerten und angestrebten Zustand (Zielvorgabe).
Ein Ziel ist ein definierter und angestrebter Endpunkt eines Prozesses, meist einer menschlichen Handlung.
„Ziel" benennt häufig den Erfolg eines Projektes bzw. einer mehr oder weniger aufwendigen Arbeit".

(aus Wikipedia, der freien Enzyklopädie)

Hat jeder Mensch Ziele?
Oder sind es vielleicht letztendliche nur Träume?
Was sind Träume?
Was ist der Unterschied zwischen Zielen und Träumen?
Fragen über Fragen.

Jeder Mensch hat Träume, Wünsche, Vorstellungen, Hoffnungen … und stellt sich vor „was wäre wenn".
Seit dem Zeitpunkt, seit dem wir bewusst denken, die Welt und das Leben um uns bewusst aufnehmen und daran teilnehmen, ab da träumen wir auch bewusst.
Also seit unserer Kindheit.
Sicher aber auch schon davor, aber da wahrscheinlich eher unbewusst.

Wenn wir also bewusst träumen, und da meine ich die sogenannten „Tagträume", versetzen wir uns in eine „Scheinwelt", in unsere Überlegungen und Phantasien lassen wir Wünsche, Hoffnungen, Vorstellungen … einfließen und wir träumen uns die Welt, unsere unmittelbare Umgebung und unsere Zukunft nach unseren Vorstellungen.

Beim Träumen sind wir „ganz alleine" und unsere innersten Gedanken gehören nur uns ganz alleine.
Natürlich „träumen" wir uns die reale Welt „schön" und erleben dabei Glücksmomente, die uns das reale Leben ertragen lassen.
Mit anderen Worten, es geht uns beim Träumen und den Vorstellungen „was wäre wenn" in der Regel gut bzw. wesentlich besser.
Warum also sollten wir diese Träume nicht in Ziele „umdefinieren" und uns an diese Ziele „heran träumen"!?

Um mit Hermann Hesse zu sprechen:

„Man muss das Unmögliche in Angriff nehmen, um das Mögliche zu erreichen".
Was wäre wenn?

Bleiben wir nochmals bei dieser Frage.
Man kann sie in die „Vergangenheit gerichtet" stellen, also was wäre wenn gewesen,
bzw. was wäre gewesen, wenn ich etwas getan oder eben auch nicht getan hätte.
Hier ließe sich endlos philosophieren.

Zu unterscheiden ist, was passiert wäre, wenn sie etwas getan hätten, dass dann doch nicht den gewünschten Erfolg gezeigt hat.
Die Folgen könnten sein – Ärger, Enttäuschung, Selbstzweifel, Vorwürfe, Depressionen …
Diese Folgen könnten prägend sein – man hält sich zukünftig zurück, scheut entsprechende Investitionen, ist nicht mehr bereit, ein Risiko einzugehen.
Man verbucht eine persönliche Niederlage, die man so nicht wieder gebrauchen kann.
Kennen Sie das Sprichwort „…das hat mir gerade noch gefehlt …"!?
Ja, wahrscheinlich hat Ihnen gerade das noch gefehlt, aber nun fehlt es Ihnen nicht mehr.
Sie sind um eine Erfahrung reicher und können aus Ihren „Fehlern" lernen.
Kein Mensch ist fehlerlos, manche „Fehler" muss man einfach machen, manche auch zweimal …

Betrachten wir den anderen Fall, Sie haben etwas nicht getan, aus Angst, aus Vorsichtigkeit, aus falscher Bescheidenheit, weil es Ihnen an dem nötigen Selbstbewusstsein, dem Selbstwertgefühl gemangelt hat.
Und rückblickend betrachtet hätte sich alles so entwickelt, wie Sie es sich gewünscht, erträumt und vorgestellt hatten.
Wie geht es Ihnen nun?
Auch hier sind die Folgen wieder Ärger, Enttäuschung, Selbstzweifel, Vorwürfe, Depressionen …

Also es stellt sich so oder so immer die Frage „…wie mache ich es am besten falsch…".
Jede Entscheidung, egal ob für oder gegen etwas, ist immer mit Risiken verbunden.
Aber wenn ich mich nicht entscheide, nichts tue, dann kann ich auch nicht gewinnen, dann kann aus meinen Träumen niemals Wirklichkeit werden.

Wir alle sind Bestandteil im Spiel des Lebens, nicht alle Wünsche gehen in Erfüllung, aber wie sagt schon ein Sprichwort: „Nur wer wagt, kann auch gewinnen".
Also treffen Sie Entscheidungen, ob sie richtig waren, werden sie erst hinterher sehen, aber Sie werden immer das Gefühl haben, im Spiel des Lebens mitzuspielen.

Und noch eins.

„Versuchen" Sie nicht etwas zu tun, sondern tun Sie es!!!

Ein „Versuch" beinhaltet schon von Anfang an persönliche Zweifel am Gelingen, zeigt auch Ihrer Umwelt, dass Sie sich nicht sicher sind und hindert Sie am vollen Engagement.

Also, wenn Sie etwas tun wollen, dann tun Sie es einfach.

Kinderziele

Träume und Wünsche hat man schon von klein an, also auch schon in Kindheitstagen.
Und diese Träume / Wünsche drücken sich durchaus in klaren Zielen aus.
Was wünscht man sich als Kind:
Gegenstände / Spielsachen … alles was rein körperlich nicht erreichbar ist, möchte man gerne ergreifen können.
Oder man sieht es bei anderen Kindern … und kann nicht selbst in deren Besitz gelangen.

Als Kind ist man ständig auf der Suche nach Neuem, man möchte die Welt um sich herum erkennen und verstehen, sie kennen das alle, Kinder stellen ständig und viele Fragen.
Der Wunsch Wissen zu erlangen, besteht also instinktiv.
Daraus ergibt sich zwangsläufig das Ziel, zuerst in Bilderbüchern selbst blättern und die Bilder selbstständig interpretieren zu können, später dann Märchen, Geschichten … eigenständig lesen und somit dann vielleicht auch eigenen Geschichten … selbst zu schreiben.

Denken Sie doch mal an Ihre Kindheit zurück oder beobachten Sie Ihre Kinder bzw. Enkel, vielfach sind diese bemüht, von Ihnen Vorgelesenes, mit eigene Worten wiederzugeben und somit so zu tun, als könnten sie schon lesen.
Alles klare Ziele.

Oder die Wünsche das Fernsehprogramm überhaupt oder auch länger sehen zu können bzw. einfach länger aufbleiben zu dürfen, um einfach mit dabei zu sein, nichts zu verpassen, den Wissensdurst und die Neugier zu stillen.
Somit stellt sich die Frage, wie diese Kindheitsträume, -wünsche. –ziele denn nun erreicht werden können.

Für Kinder gibt es viele Möglichkeiten, sich in „Szene" zu setzen.
Sie testen ihre „Grenzen", meist unbewusst (oder doch schon sehr berechnend) aus.
Das geht vom „bockig sein" bis zum klar kalkulierten „Liebesentzug" gegenüber den Personen ihrer Umwelt, also gegenüber dem Personenkreis, gegenüber dem man seine Forderungen durchsetzen will.
Also auch als Kind verfolgt man klare Ziele.

Vielfach bewirken auch solche Äußerungen, wie „komm hole es dir doch …", „du bist noch zu klein und musst noch entsprechend wachsen", „erst wenn du groß und stark bist …", „dazu musst du mindestens … Jahre alt sein", „erst wenn du aufgeräumt, weggebracht, gemacht … hast" oder „das kannst du erst bekommen, wenn du – lesen, schreiben, rechnen … – kannst", Wunder.

Das führt dazu, dass die Nachfrage nach Zielen, vielleicht auch ein entsprechendes Bedürfnis danach, erzeugt wird.

Und siehe da, plötzlich „wird der Teller abgegessen", „Ordnung hergestellt und gehalten", „etwas ohne Widerspruch getan" und eine - Anordnung, Anweisung … ohne Diskussion befolgt. Also, es geht doch.

Allerdings ist das Schwere daran die ständige neue Motivation der Kinder.
Da diese ihre Ziele noch nicht bewusst wahrnehmen und definieren, besteht hier nun die Möglichkeit über die „Erziehung" direkten Einfluss zu nehmen.

Es liegt also an uns, den Erwachsenen, Erziehern, den Eltern, Großeltern … wie sich unsere Kinder entwickeln, den neben den vorhandenen „Genen", „formt bekanntlich der Umgang den Menschen".

Bereits im Kindesalter sollte also der Umgang mit Zielen „geübt" und gezielt gefördert werden, denn „Klarheiten" können auch das weitere Leben erleichtern.

Oder, *„Nur wer sein Ziel kennt, findet den Weg"* (Laozi).

Jugendziele

Die Jugend, ach ja, die Jugend, da ist alles unbeschwert und locker, man hat keine Sorgen, keine Probleme …, denkt man, bzw. denken die anderen.
Aber die Wirklichkeit sieht doch ganz anders aus.

Oder warum sonst gibt es gerade hier so viele „Abweichungen von der Normalität"?

Die Jugend von heute (und das trifft sicher so auch auf alle vorangegangenen Generationen zu), sucht nach Orientierung, nach Werten, nach ihrem Platz im Leben, will anerkannt und geachtet werden, sowohl in den „eigenen Reihen", als auch von den Menschen ihrer Umwelt.
Und, das ist ein schwerer, täglicher Kampf in dem man sich immer wieder aufs Neue beweisen muss.

Also, auch die Jugend hat es nicht einfach, im Gegenteil, dieser Lebensabschnitt ist durchaus einer der kompliziertesten und prägendsten für die weitere Entwicklung.
Hier kann vieles versäumt und falsch gemacht werden, aber auch der Grundstein für eine positive Gestaltung der nächsten Jahre gelegt werden.

Auf der Suche nach Orientierung …ist man im jugendlichen Alter durchaus bereit, sich entsprechend lenken zu lassen.

Man ist bereit, vorhandene Erfahrungen zu übernehmen, man eifert sogenannten „Vorbildern" (Idolen) nach, man sucht einen „Halt" und eine eigene Identifikation.

Aber auch hierbei ist die „sogenannte" Umwelt bzw. das Umfeld von großer Bedeutung.

Wie werde ich als Jugendlicher angenommen?
Wie werde ich „so wie ich bin" akzeptiert?
Wie geht man mit mir um?
Wie darf ich mich im täglichen Leben „einbringen"?
Aber auch „welche Chancen und Möglichkeiten" werden mir eingeräumt bzw. geboten?
Wie und durch wen werde ich gefordert und gefördert?
Wer hilft mir bzw. wer gibt mir zum richtigen Zeitpunkt einen entsprechenden „Schubs"?

Daraus resultiert die allesentscheidende Frage. Was ist bzw. worin besteht meine Perspektive für die Zukunft?

Denn, wie bereits gesagt, man sucht nach dem entsprechenden Platz im Leben.

Und genau darin bestehen auch die Probleme.

Natürlich weiß ich im jugendlichen Alter noch nicht wirklich wo meine Stärken und Schwächen liegen, welches Talent tatsächlich in mir schlummert, was mir Freude und Spaß machen könnte, worin ich meine „Erfüllung" finde …

Also, was ich wirklich, wie und wann erreichen will.
Oder mit anderen Worten, was meine konkreten Ziele im Leben sind.

Wünsche und Träume, Vorstellungen, Meinungen … gibt es selbstverständlich, aber man weiß nicht wie sie umsetzbar sind.
Es fehlen einen wichtige Informationen, vielleicht weiß man auch nicht wo man sie herbekommt, wie sie umsetzbar und nutzbar gemacht werden können.

Die Folge, man glaubt nicht an eine persönliche Perspektive bzw. man sieht keine.
Hinzu kommt dann auch noch die allgemeine wirtschaftliche Lage, die täglich erlebten familiären Situationen und somit ein eventuell auch negatives Empfinden.

Die Welt ist schlecht und gegen mich!
Ich kann nichts tun, um daran etwas zu ändern!
Man ist abhängig von anderen!
Es hat doch Alles keinen Sinn!

Also, warum soll ich etwas lernen, wofür und warum?
Wofür brauche ich das was ich lernen soll?

Warum soll ich mir spezielle Fähigkeiten aneignen?

Was nützen mir meine besonderen Begabungen und Talente?

Perspektivlosigkeit und ein Leben nach dem Motto „mal sehen was passiert, irgendetwas wird sich schon ergeben, irgendjemand wird sich schon um mich kümmern ..." macht sich breit.
Man richtet sich ein, Ziel- und Planlos.

Wie nun kann ich diesen Kreis durchbrechen?

Ziele !!!

Wofür und für wen lerne ich in der Schule?
Wie sagt man so schön, man lernt für sich und fürs Leben ...
Mit dem Ziel Klassenbester zu sein, als „Streber" betitelt, von seinen Mitschülern gemieden zu werden?

Ich brauche also schon eine entsprechende Begründung (Ziel) warum ich lernen soll.
Und diese sollte ich dann auch kundtun, um meiner Umwelt deutlich zu machen, warum ich was tue.
Dieses dient nicht bloß der eigenen Beruhigung und Bestätigung, sondern schafft auch Akzeptanz.

In den ersten Schuljahren ist das noch relativ einfach, „ausgeschriebene Zielprämien" (Zensuren werden mit Geld stimuliert, man erhält etwas Materielles geschenkt, oder
darf „sich etwas wünschen" ...) helfen meine Wünsche, Träume ... (Ziele) zu erreichen.

Später wird es schwieriger.

Man konzentriert sich mehr auf die „Kurzstrecke", soll heißen, bei entsprechender „Motivation" kann man sich schon zu entsprechenden Leistungen aufschwingen, aber die großen Ziele sind noch in weiter Ferne.
Gerade hier sollte man aber ansetzen.
Nicht umsonst wird man im Kinder- und Jugendalter immer wieder gefragt „Was willst Du denn mal werden"?

Hier sollte die konkrete Zielfindung einsetzen und Unterstützung gewährt werden.

Es gibt genügend Bespiele.
Wenn ich ein klares Berufsziel vor Augen habe, mich mit diesem Ziel rechtzeitig identifiziere, die erforderlichen Voraussetzungen und Bedingungen kenne und der unbedingte Wille zum Erreichen gegeben ist, geschehen manchmal sogar Wunder.

Plötzlich kann ich mich im Unterricht konzentrieren, plötzlich finde ich den angebotenen Lehrstoff interessant, plötzlich macht mir das Lernen Spaß, plötzlich verbessern sich meine Leistungen …

Plötzlich?
Natürlich nicht plötzlich, denn ich habe ein klares Ziel vor mir!!!

„Der Langsamste, der sein Ziel nicht aus den Augen verliert, geht noch immer geschwinder, als jener, der ohne Ziel umherirrt".
(Gotthold Ephraim Lessing

Partnerwahl

Auch bei der „Partnerwahl", die ja schon im jugendlichen Alter beginnt, spielen Ziele eine nicht ganz unbedeutende Rolle.

Man sammelt erste Erfahrungen im „Zusammenleben", legt sich aber noch nicht wirklich fest.

Jeder ist durch seine entsprechenden Kindheitserlebnisse, durch sein Elternhaus, durch den Umgang mit anderen Menschen im Bekannten- und Verwandtenkreis, geprägt.
Daraus entstehen persönliche „Ansichten", Wünsche, Träume, Vorstellungen, Vorzüge …, die sich weiter entwickeln.

Jeder, jede hat somit irgendwann seinen, ihren „bevorzugten Typ" zu dem er/sie sich hin- bzw. von dem er/sie sich angezogen fühlt.

Sicher haben Sie das (auch an sich selbst?) schon mehrfach beobachten können, wobei es hierbei nicht nur um den „optischen Typ" geht, sondern auch die sogenannten inneren Werte wichtig und zu beachten sind.
Mit anderen Worten, man legt sich (bewusst oder auch unbewusst) auf eigene bevorzugte (oder auch ablehnende) „Vorlieben" fest.

Man selbst ist dabei immer der sogenannte „Vergleichsmaßstab", soll heißen, so wie ich mich selbst „sehe", so „sehe" ich auch die anderen Personen meiner Umgebung.
Diese „Vorlieben" manifestieren sich in der Partnersuche und Partnerwahl.

Natürlich spielen auch alt hergebrachte Klischees eine Rolle.
Männer legen mehr Wert auf die Optik der Partnerin, auf deren Häuslichkeit …
Frauen bevorzugen Geborgenheit, Sicherheit, eine „starke Schulter zum Anlehnen" …

Aber alle (fast alle) haben immer ein gemeinsames Ziel, alle sehnen sich nach einer erfüllenden Partnerschaft, Familie, Kindern, einem gemütliches Zuhause …

Wie aber lässt sich genau das erreichen?

Auch hier helfen wieder Ziele.

Natürlich besteht die Gefahr, dass man als berechnend, egoistisch … betrachtet wird und sich eventuell den Vorwurf gefallen lassen muss, der „wahren Liebe" keine Chance zu geben.

Aber wenn Sie glücklich sein und ein erfülltes Leben haben wollen,
müssen Sie dem „Glück" sicher auch manchmal etwas nachhelfen, bzw. es auch entsprechend festhalten.

In jungen Jahren ist man sicher noch für vieles „offen", man testet, aber tief im Inneren machen sich schon langsam unsere Ziele bemerkbar.

Man „sortiert" (meist aus dem sogenannten Bauchgefühl heraus) bewusst, oder auch unbewusst nach Sympathien.
Selbstverständlich kann (und wird) das auch schief gehen, aber schließlich lernt man aus Fehlern (meistens jedenfalls) …

Wie bereits schon gesagt, oft kommt man zu der Erkenntnis „…das hat mir gerade noch gefehlt …" und dann fehlt einem das eben nicht mehr, man hat diese Erfahrung gemacht und ist wieder etwas schlauer.

Also Ziele.
Diese können auch bei der Partnerwahl helfen.
Überlegen Sie, was Sie von einem Partner/in erwarten, was Ihnen wirklich wichtig ist, was Sie bereit sind, zu tolerieren und wo Ihre absoluten Grenzen sind.
Aber auch was Sie einbringen und geben wollen, was Sie an sich bereit sind zu verändern …

Definieren Sie Ihre ganz persönlichen „Prinzipien". Und dann suchen Sie zielgerichtet.

Natürlich sollten Sie dabei weder den Verstand, noch Ihr Herz ausschalten.

Berufliche Ziele

Immer noch definieren wir uns über das was wir beruflich „sind".
Wir wollen „aufsteigen", die „Karriereleiter erklimmen", etwas darstellen, gesellschaftlich anerkannt und respektiert sein.
Und dabei auch noch (möglichst viel) Geld verdienen, bzw. mindestens soviel, dass man damit sein Leben „sorgenfrei" gestalten kann.

Soweit, so gut, aber soviel Glück haben die wenigsten Menschen, dass die Entwicklung problemlos, planmäßig und ohne eigenes Zutun verläuft und zu den gewünschten Ergebnissen führt.
Also, wir müssen etwas tun.

Und das beginnt natürlich auch schon in jungen Jahren, denn da wird der Grundstein für die „weitere Reise" gelegt.
Wie schon bei „Jugendzielen" erwähnt, sollte da bereits der Anfang sein, also das Ganze beginnt mit unserer Entscheidung für einen Berufs- oder Studienabschluss.
Bereits da spielen Ziele eine große Rolle.

Ausgehend von meinen Neigungen, Talenten und weiteren „persönlichen Gegebenheiten", steht die Frage „Was will ich?", „Wo will ich hin?", also was ist mein berufliches Ziel.

Natürlich wissen wir alle, dass das Leben so manche Überraschung für uns bereit hält, man in berufliche Zwänge gerät, dass man gesundheitlich bedingt seine Tätigkeiten wechseln, dass man aus familiären Gründen zu Zugeständnissen bereit sein muss, aber auch, dass sich einem plötzlich Chancen und Perspektiven auftun, die man weder „einkalkuliert" noch geahnt hat.

Soll heißen, auch hier liegen mitunter Glück und Unglück eng beieinander.

Am Anfang geht es erstmal darum im erlernten Beruf, mit dem abgeschlossenen Studium, Fuß zu fassen im Arbeitsleben.
Sich einzuarbeiten in dem entsprechenden Fachgebiet und Erfahrungen zu sammeln.
Man fühlt sich gut, man ist erstmal „im Leben angekommen", man könnte zufrieden sein …, aber damit zufrieden sind dann doch die wenigsten.

Also folgt ziemlich schnell der Vergleich mit anderen Personen im beruflichen Umfeld und man stellt fest (oder denkt es zu mindestens), dass man mehr kann als andere, dass man besser ist als andere …

Hier nun kann man sich zurückziehen und darüber ärgern, oder aber nach vorne schauen und sich Ziele setzen.

Welche Möglichkeiten bieten sich dazu in der „eigenen" Firma, was könnte ich realistisch betrachten erreichen?

Ist es das was ich will, will ich das überhaupt?

Karriere machen heißt nicht zwingend, dass einem ein entsprechender Titel (Abteilungsleiter, Bereichsleiter, Direktor, Geschäftsführer ...) verliehen wird, Karriere machen kann man durchaus auch als „Spezialist" auf einem bestimmten Gebiet.
Wichtig ist doch, dass man anerkannt ist / wird und einem diese Anerkennung auch vermittelt wird, schließlich möchte man doch „wichtig" und „wertvoll" sein.

Was aber, wenn es in der eigenen Firma momentan bzw. in absehbarer Zeit keine Perspektive für Sie gibt?

Keiner zwingt Sie ein Leben lang in ein und derselben Firma tätig zu sein.
Also, wenn Ihr Ziel klar definiert ist, gehen Sie auf die Suche.
Allerdings ohne „Hektik", soll heißen überlegen Sie sehr genau und wägen Sie gut ab, denn Sie wollen sich ja „verbessern" und nicht nur verändern.

Eine Alternative könnte im Verlauf des Berufslebens durchaus auch der Entschluss sein, sich auf „eigene Füße zu stellen", also der Schritt in die Selbstständigkeit.
Hier haben Sie unendliche Gestaltungsmöglichkeiten, verbunden mit durchaus interessanten Verdienstmöglichkeiten, aber auch verbunden mit allen Risiken.

Grundlage für Ihre Überlegungen sollte und muss immer sein, was kann ich wirklich, ohne sich selbst dabei zu überschätzen.

Und, sehen Sie eine „Selbstständigkeit" niemals als Notnagel, als letzte Möglichkeit, als letzten Strohhalm ... an, denn die Gefahr, dass das schiefgeht, ist sehr groß.
Egal wie Sie sich entscheiden, lassen Sie sich nicht von Ihren Zielen abbringen, verfolgen Sie diese konsequent.

Arbeit soll auch Freude bereiten, wenn auch nicht immer, aber immer öfter.
Und denken Sie daran, man lebt nicht nur, um zu arbeiten.

„Werde das, was Du werden willst."

Finanzielle Ziele

„Ich wär` so gerne Millionär ...", sicher wünscht sich das jeder / jede.
Geld alleine soll zwar auch nicht glücklich machen, aber zu mindestens soll es wohl „beruhigen ...".
Von Geld kann man niemals genug bekommen ...
Sie alle kennen diese Sprüche.

Natürlich ist Geld nicht alles im Leben, aber es ist wohl auch nicht gerade schädlich, welches zu besitzen.
Mal ehrlich und realistisch betrachtet, was will man denn?

Die laufenden Kosten müssen gedeckt werden, man will sich entsprechende Freizeit- und Urlaubsaktivitäten leisten können, es soll auch noch was übrigbleiben für unvorhergesehene Dinge und schließlich braucht man auch noch was für später, sprich für die „Altersvorsorge".

Auch sind wichtige Anschaffungen zu berücksichtigen, nach entsprechenden Notwendigkeiten, Wünschen, Vorstellungen, Umständen, z.B. Wohnungseinrichtungen, Autos ..., die in die Planung einzubeziehen und meistens zu einem bestimmten Termin erforderlich sind.

Vor der Umsetzung stehen aber erstmal die klar zu definierenden Ziele.
Also, stellen Sie Ihre Planungen auf.

Sicher tut man das ohnehin ständig, in Gedanken rechnet man doch immer irgendwie, oder?
Definieren Sie Ihre Ziele, verfassen Sie Ihren persönlichen Haushaltsplan, für einen Monat, für ein Jahr, für einen Lebensabschnitt …

Immer unter dem Blickwinkel, was will, brauche, muss, kann … ich wann zur Verfügung haben, damit ich das Leben „beruhigt" genießen kann.

Selbstverständlich ist uns allen klar, dass das Leben keine „Einbahnstraße" ist, dass nicht immer alles planmäßig verläuft, dass es durchaus auch „finanzielle Engpässe" geben kann …

Auch über das Thema „Inflation" könnte man in diesem Zusammenhang lange diskutieren und spekulieren.
Wollen wir aber hier nicht, denn keiner von uns kann dazu klare Voraussagen treffen und außerdem kommt es meistens ohnehin anders als man denkt.
Also bleiben wir bei unseren Zielen.

Voraussetzung um diese planen und in Angriff nehmen zu können, ist natürlich ein (möglichst regelmäßiges) Einkommen.
Dieses mal angenommen, liegt es nun doch weitestgehend an uns selbst, wie sich unser „Kontostand" entwickelt.

Mein Vorschlag wäre, planen Sie von „hinten".

Also, z.B. wann möchte ich in den Ruhestand gehen, wann soll mein Haus abbezahlt sein, wann wäre mein Auto bezahlt, wann sind meine Kinder finanziell selbstständig, wann habe ich keine anderweitigen Zahlungen mehr zu leisten …?

Und legen Sie dann entsprechende „Abschnitte" bis zum heutigen Tag fest.
Sie werden sehen, mit den konkreten Zielen vor Augen, mit den klaren Eckpunkten und den eindeutigen Terminen und Zeiträumen, kann diese Planung durchaus Spaß machen.

Bleiben Sie aber realistisch, preisen Sie Zinsen und Zuwächse lieber mit einem geringeren Prozentsatz als momentan üblich ein.

Und, vergessen Sie bitte auch nicht die (tägliche) Kontrolle zum Stand Ihrer Ziele.
Hilfreich könnte natürlich auch sein, dass Ganze schriftlich festzuhalten und dann Punkt für Punkt abzuhaken.

Sie werden sehen, bei einer planmäßigen, kontinuierlichen Entwicklung werden Sie viel Freude an Ihrem „Kontostand" haben.

Und, wer weiß, vielleicht geht der Wunsch (siehe oben – erster Satz) irgendwann doch in Erfüllung …

Zukunftsunsicherheiten

Ist doch alles Quatsch, denn erstens kommt es sowieso anders und zweitens als man denkt ...
Nichts ist so sicher, wie die ständige Unsicherheit.

Also nehmen wir das Leben einfach so wie es ist, machen wir uns einfach keine Gedanken über das Morgen, leben wir von Tag zu Tag ... irgendwie wird es schon immer weitergehen.

Einige sollen ja genau diese Einstellung haben und die behaupten dann auch noch, dass sie dabei glücklich und zufrieden sind.
Bleibt uns also nur noch, diese Menschen neidvoll zu betrachten?

In gewissen Lebenssituationen sind diese Menschen sicher glücklich und zufrieden, aber auf Dauer ...
Was wollen wir denn?

Ziel ist es doch, unser Leben bewusst eigenständig in die Hand zu nehmen, es nach unseren Vorstellungen zu gestalten, aktiv zu beeinflussen und fest „auf dem Boden" zu stehen.
Wenn das gelingt, dann ist man doch auch glücklich und zufrieden.

Natürlich spielen die „Zukunftsunsicherheiten" eine nicht zu unterschätzende Rolle.

Wer kann schon voraussagen, was sich wie, wo und wann im beruflichen und privaten Leben tut, wer weiß schon, wie sich die „große Politik", die Umwelt, die eigene Familie ... entwickelt.

Alles „Unsicherheiten".

Aber das sollte uns dennoch nicht davon abhalten unser Leben planmäßig und eigenständig zu gestalten und das geht nun mal nur mit Zielen.

Die hohe Kunst ist es ja gerade, trotz „Unsicherheiten" seine Ziele nicht aus den Augen zu verlieren, sich immer wieder neu zu motivieren und auf entsprechende Situationen einzustellen.

Sie werden es erleben, „jeder Sieg macht Sie stärker".

Rhetorik / Schlagfertigkeit / Reaktionen

Wem wäre das wohl noch nicht passiert, Ihnen wird irgendetwas vorgeworfen, Sie werden (wie auch immer) angefeindet ... und Sie sind völlig geschockt, irritiert ...
und wissen überhaupt nicht was Sie sagen, was Sie tun, wie Sie reagieren sollen.

Natürlich, später (Stunden, Tage ...danach) wird Ihnen langsam klar und bewusst ..., wie Sie, was Sie hätten sagen sollen, was Sie hätten tun sollen ... usw., aber dann ist es selbstverständlich meistens zu spät.

Also wäre es nicht schön, gleich „richtig" reagieren zu können, „Paroli" zu bieten und somit „Herr der Situation" zu sein?
Auch das könnte doch ein mögliches Ziel für Sie sein?

Kann man das erlernen?
Natürlich kann man, oder glauben Sie, dass alle die das beherrschen „Naturtalente" sind, mit diesen Fähigkeiten bereits geboren wurden ...

Gewisse Voraussetzungen, wie entsprechendes Selbstbewusstsein, Sprachgewandtheit, Allgemeinwissen ... vereinfachen das Ganze selbstverständlich durchaus, aber nicht alle sind damit ausreichend gesegnet, so dass letztendlich nur der Weg des Lernens und Übens bleibt.

Wie also könnte ich an die Sache herangehen?

Im konkreten Fall, also bei einer entsprechenden Anschuldigung/Anfeindung/Vorwurf …, brauchen Sie erst einmal Zeit, um eine richtige Reaktion vorbereiten zu können.
Stehen Sie auf, treten Sie einen Schritt zurück, hohlen Sie tief Luft …,
somit gewinnen Sie ca. 3 – 5 Sekunden, die müssen reichen, denn mehr wird es nicht.
In dieser (zugegeben kurzen) Zeitspanne muss es Ihnen gelingen die richtigen Worte zu finden.

Versuchen Sie nicht sich zu verteidigen oder anderen die Schuld zuzuschieben, suchen Sie nicht nach irgendwelchen Ausreden und Erklärungen. Reagieren Sie möglichst immer mit einer Frage.

Zum Beispiel: „Was genau meinen Sie damit?"

Zeigen Sie Ihre Betroffenheit (mittels Mimik und Gestik) und bringen Sie diese auch zum Ausdruck, indem Sie durchaus sagen können „Ihre Anschuldigungen machen mich sehr betroffen …"

In solch einer Situation befindet man sich immer auf der sogenannten „Beziehungsebene", die da (warum auch immer) nicht funktioniert.

Mit Ihrer klaren Reaktion und einer entsprechenden Frage haben Sie die Möglichkeit, auf die „Inhaltsebene" zu wechseln.

Nur auf dieser lassen sich wirklich solche Konflikte lösen und somit auch die „zwischenmenschlichen Beziehungen" wieder positiv gestalten.

Ihre Ziele bestehen doch nicht darin sich zu streiten und zu zanken, sondern in einem harmonischen Miteinander, oder?

Wichtig ist üben, üben, üben …

Sprechen Sie mit sich (ist durchaus ernst gemeint), wählen Sie Ihre Worte bewusst und … überlegen Sie immer zuerst, was Sie sagen wollen.

Und manchmal … ist weniger auch mehr, also man muss nicht alles kommentieren.

Kommunikation

Miteinander reden, die richtigen Worte finden, sich sprachlich gewandt ausdrücken zu können und dabei auch noch freundlich und nett sein zu können, ist Ihnen wichtig.
Aber genau das gelingt Ihnen nicht immer oder auch gar nicht.
Warum ist das so?

Wir Menschen sind nun mal nicht alle gleich (bloß gut), die erblichen Voraussetzungen sind bei allen unterschiedlich.
Unsere biologischen Entwicklungen, die wir durchlaufen sind bei jedem / jeder anders.
Und nicht zuletzt beeinflusst uns natürlich auch unsere Umwelt, der Umgang mit anderen Menschen, das „sogenannte Milieu"… entsprechend.
Also nicht jedem/jeder ist demzufolge eine problemlose, einfache, gute … Kommunikation gegeben.
Man tut sich mitunter schwer.
Und jeder/jede versteht darunter wahrscheinlich auch ein Stück weit was anderes.

Das Ziel dürfte aber für alle gleich sein, „ich möchte mich bei meiner Kommunikation, beim sprachlichen Umgang mit anderen Menschen, sicher, verstanden und vor allem, wohlfühlen".

Also, ich habe auch hier wieder ein Ziel.

Bleibt die Frage. Wie kann ich genau das erreichen?

Da bekanntlich Wunder sehr selten geschehen, hilft auch hier nur ständiges Üben.
Üben in Form von eigenem Sprechen.
Wählen Sie Ihre Worte bewusst, denken Sie zuvor über das nach was Sie zum Ausdruck bringen wollen, untersetzen Sie Ihre Worte bildlich.

Mit zunehmendem Alter (zunehmender Lebenserfahrung) nimmt der Ihnen zur Verfügung stehende Wortschatz zwangsläufig zu, also nutzen Sie diesen auch entsprechend, um sich auszudrücken.

Aber auch in jungen Jahren besteht durchaus die Möglichkeit (trotz der noch fehlender Lebenserfahrung) seinen „Wortschatz" zu vergrößern.

Das Zauberwort heißt „Allgemeinwissen".
Wer da entsprechend auf dem „Laufenden" ist, sich für vieles interessiert, auch mal kontrovers diskutiert (ohne rechthaberisch und stur zu sein) und bereit ist „Neues" und Informationen aufzunehmen, hat es dabei wesentlich einfacher und ist, wie man so schön sagt, auf dem richtigen Weg.

Nochmal, das Ziel heißt, gute und sichere Kommunikation.

Natürlich gehören dazu auch immer (mindestens) zwei Personen, die miteinander kommunizieren wollen (wobei solch wichtige Voraussetzungen wie z.B. gemeinsame Sprache, gemeinsames, beide interessierendes Thema ... gegeben sein sollten), aber es liegt (mindestens zu 50 %) an Ihnen, ob Sie Ihr Ziel erreichen.

Und noch ein Hinweis, **„der Ton macht die Musik, bzw. so wie man in den Wald hineinruft, so schallt es zurück".**

Vorurteile

Sie haben doch keine Vorurteile, gegen niemanden und nichts, oder?
Sie lassen sich doch von niemandem und nichts in Ihren Ansichten und bei Ihrer Meinungsbildung beeinflussen, oder?

Bei Ihnen gibt es überhaupt kein sogenanntes „Schubladendenken", oder?

Wenn Sie all diese Fragen definitiv mit nein beantworten können, sollten Sie dieses Kapitel überspringen und gleich zum nächsten übergehen, denn dann haben Sie keinerlei „Handlungsbedarf".

Sollte Sie allerdings (widererwartend) die eine oder andere Frage doch zum Nachdenken angeregt haben, lesen Sie weiter.

Unsere im Leben gemachten Erfahrungen lassen uns Situationen, Umstände, Gegebenheiten … entsprechend bewerten.
Daraus ziehen wir unsere Schlüsse / Schlussfolgerungen und Vergleiche.
Und somit entwickeln wir bestimmte Vorlieben und Abneigungen.

Dieses wiederum führt dann zu Vorurteilen, wir bewerten also einen Menschen, eine Situation, einen Umstand … nach unseren eigenen Maßstäben und an diesen halten wir fest.

„Was ich denk und tu, trau ich auch anderen zu".

Sie wissen doch, der „erste Eindruck" ist der entscheidende, meistens bleiben dafür nur wenige Sekunden, es gibt kaum eine zweite Chance, man wird entsprechend in einer „Schublade" abgelegt.

Aber wollen wir das wirklich?

Manchmal schon, denn es ist doch ein gutes Gefühl, wenn man mit „positiven Eigenschaften", z.B. Stärke, Durchsetzungsvermögen, Überzeugungskraft, Freundlichkeit, gutem Aussehen …, assoziiert wird.

Allerdings sind wir dann auch mit unseren „negativen Eigenschaften" entsprechend registriert und dabei hält sich unsere Freude dann doch sehr in Grenzen.

Also gäbe es somit zwei zu verfolgende Ziele.

Erstens, selbst nicht endgültig festgelegt zu werden und immer wieder die Möglichkeit einer Korrektur zu erhalten und zweitens, auch anderen diese Chance einzuräumen.

Sie kennen doch den Spruch:

„Was ich nicht will, das man mir zufügt, sollte ich auch anderen nicht zufügen".

Um diese Ziele zu erreichen, sollten Sie sich möglichst oft in die „andere Person" hineinversetzen und sich somit die Fragen stellen und beantworten, warum hat er/sie jetzt gerade so reagiert ..., wie würden Sie in dieser Situation selber empfinden und handeln, welche Zwänge stehen da eventuell dahinter ...

Vielleicht ist es Ihnen möglich dem / der anderen sogenannte „goldene Brücken" zu bauen, soll heißen Vorurteile auszuschließen und keinen „Gesichtsverlust" zuzulassen.

Denken Sie daran, umgekehrt würden Sie sich auch freuen.

Innere Ruhe

Ich bin überhaupt nicht hektisch, ich doch nicht.
Ich bin die Ruhe selber …

Oder vielleicht doch nicht?
Womöglich stecke ich mit meiner Unruhe auch noch andere an.
Schön wäre es doch, wenn man alles mit Ruhe erledigen und betrachten könnte, oder?

Also haben wir auch hier ein direktes Ziel vor Augen.

Natürlich gibt es Momente und Situationen in denen schnell, sofort, dringend … eine Entscheidung getroffen werden muss und keine Zeit bleibt, in Ruhe darüber nachzudenken, abzuwägen, sich zu besprechen, andere Meinungen dazu einzuholen … Und trotzdem muss (darf) auch das nicht hektisch und unüberlegt erfolgen.

Leichter gesagt als getan?

Ausgehend von unseren genetischen Veranlagungen, die nicht beeinflussbar sind und sich auch nicht verändern lassen ist dennoch vieles aus den ständig gesammelten Erfahrungen abgeleitet, angeeignet und „erlernt".

Schlussfolgerung: „innere Ruhe" sollte somit auch erlernbar sein.
Vorausgesetzt Sie haben das entsprechende Ziel.

Wie der Name schon sagt „innere Ruhe" hat was mit „zur Ruhe kommen" und sich „beruhigen" zu tun.
Dazu gibt es natürlich vielfältige Möglichkeiten.
Denken Sie z.B. an „autogenes Training", an „Tiefenentspannung", an „psychologische Gesprächsrunden" …, aber auch an einfaches „Musik hören", an „Spazierengehen in der Natur" …
Auch die Ausübung eines entsprechenden Hobbys, vielleicht auch entspannende Gartenarbeit, das Lesen eines Buches … können dazu gehören.
Sie müssen für sich herausfinden, welche dieser Varianten, die für Sie „Richtige" ist.
Somit muss man sicher das eine oder andere einfach ausprobieren.
Und das möglichst vorbehaltlos und ohne „Vorurteile".

„Innere Ruhe" hilft Ihnen z.B. körperlich fit zu sein (bzw. zu werden) und einem möglichen Herzinfarkt vorzubeugen.
Schon das alleine wäre doch ein lohnenswertes Ziel.

Und Ihre eigenen „inneren Ruhe" könnte sich auch noch auf andere Personen übertragen, die Sie damit entsprechend „anstecken" könnten.

Somit hilft diese Zielerreichung also nicht nur unmittelbar Ihnen selbst, sondern Sie werden damit auch noch

zum „Therapeuten" für andere.

Starke Frauen

Es soll ja Unterschiede zwischen Männern und Frauen geben.
Und dabei meine ich nicht nur den bekannten „kleinen Unterschied".

Man spricht ja zum einen vom sogenannten „starken Geschlecht" und zum anderen vom sogenannten „schwachen Geschlecht", aber ist dem wirklich so?

Die Zeiten sind wohl vorbei, als der Mann für die „Ernährung der Familie", für die „finanzielle Existenzgrundlage", für das sogenannte „Auskommen" … sorgen musste und die Frau für Haus, Haushalt und Kindererziehung zuständig war.

Und trotzdem, die Vorstellungen, dass sich eine Frau nach dem Mann richten und dessen Ziele mit verfolgen sollte, halten sich hartnäckig.
Bei Männern unterstellt man, dass sie nicht nur ihr eigenes Leben, sondern auch dass sie tangierende Umfeld beeinflussen und im Griff haben, bei Frauen erwartet man Unterordnung.
Aber „die Zeiten" haben und werden sich auch weiterhin ändern.

Die ideale und zu bevorzugende Variante ist natürlich die, wo beide gemeinsame Ziele haben und diese auch gemeinschaftlich verwirklichen wollen.

Beide entsprechend ihren „Stärken" und „Schwächen", aufeinander abgestimmt.
Also, wie man so schön sagt „Hand in Hand".

Aber zunehmend stehen auch Frauen „ihren Mann" alleine, bzw. sind die treibende Kraft in einer Beziehung.

Es bleibt ihnen also gar nichts anderes übrig, als eigenständig und selbstbewusst ihr Leben zu meistern und somit zu „starken Frauen" zu werden. Aber auch das muss „Frau" erstmal wollen, sich also „dieses Ziel" setzen.

Voraussetzung dieses Ziel umsetzen zu können, ist natürlich ein entsprechendes Selbstbewusstsein und ein starkes Selbstwertgefühl.
Dazu haben wir bereits gesprochen, aber es kann nicht oft genug betont werden, wie wichtig dieses im täglichen Umgang mit anderen Personen, vor allem aber im persönlichen Umgang mit sich selbst ist.

Welche Vorteile haben Sie, wenn Sie eine starke Frau sind?
Was bringt es Ihnen?
Wie erlebe ich dann mein Umfeld und die dazugehörigen Personen?

Diese Fragen gilt es als erstes zu beantworten, denn daraus leiten sich die entsprechenden Motivationen (Ziele) ab.

Antworten könnten sein:
Sie werden als gleichwertiger Partner (privat und/oder beruflich) betrachtet, bewertet, geachtet.
Ihre Meinung / Ansicht / Vorschläge ist / sind wichtig.
Sie werden als kompetent, aussagefähig, professionell empfunden.
Man sucht Ihre Nähe …

Alles gute Gründe, eine starke Frau sein zu wollen.

Natürlich dürfen Sie sich als „starke Frau" auch Schwächen leisten.

Das eine schließt das andere ja nicht aus, denn schließlich sind Sie ja nicht nur Mensch, sondern auch Frau.

Genießen Sie durchaus Ihre schwachen Momente und ziehen Sie daraus wiederum Ihre „Stärke".

Nein sagen können

Leiden Sie auch an diesem „Sprachfehler" – einfach nicht nein sagen zu können?

Sie fühlen sich überlastet, überfordert, völlig kaputt, es geht wirklich nicht mehr…, aber trotzdem sagen Sie „ja".
Warum eigentlich?

Sie möchten keinem „weh tun", Sie möchten das Gefühl haben „das man Sie braucht", das Ihre „Fähigkeiten und Fertigkeiten" anerkannt werden, Sie glauben „nur Sie können das machen", zu mindestens nur Sie können das „so gut und richtig" machen, ohne Sie „geht einfach nichts" …

Ist es das?
Macht Sie das zufrieden?
Bringt Ihnen das entsprechende Erfüllung und Befriedigung?

Im gewissen Sinne schon!
Es ist doch auch nicht schlecht gebraucht, anerkannt … zu werden, zumal man sich letztendlich doch über das definiert, was man ist und tut.
Aber geht es Ihnen dabei auch wirklich gut, vor allem auch körperlich und gesundheitlich?

Wahrscheinlich wäre es schon besser, auch mal „nein" zu sagen (sagen zu können).

Also wieder ein Ziel.

Man hat sicher Bedenken, das man dann als egoistisch, ungefällig, eigensinnig … abgetan und betrachtet wird.
Und hat somit dann ein schlechtes Gewissen.

Natürlich sind Sie nicht alleine auf der Welt, man braucht auch andere Menschen und gemeinsam gestaltet man das Leben, aber verantwortlich für „sich selbst" sind in erster Linie nur Sie alleine.
Sie bestimmen wie es Ihnen geht.

Um also das Ziel, auch mal „Nein" zu sagen, erreichen zu können, bedarf es sicher entsprechender Kompromisse.

Soll heißen, Sie sollen selbstverständlich nicht alles ablehnen.
Ein Abwägen nach Möglichem und Notwendigem ist wichtig und richtig.
Es muss „passen" und Sie sollten mit Ihrer Entscheidung zufrieden sein.

Wie auch immer Sie entscheiden, es sollten keine Zweifel an der getroffenen Entscheidung bestehen bleiben …

und im Zweifelsfall, entscheiden Sie sich einfach für sich.

Neid

Sind Sie neidisch?
Neidisch sind doch immer nur die anderen?

Oder sind wir alle nicht irgendwann, irgendwie, auf irgendjemanden, auf irgendetwas … neidisch!!!
Und, wie fühlen Sie sich dabei?
Wahrscheinlich nicht wirklich gut, oder!?

Sicher kennen Sie alle folgende Sprüche …

„In Deutschland ist die höchste Form der Anerkennung der Neid."
Arthur Schopenhauer

„Mitleid bekommt man geschenkt, Neid muss man sich verdienen."
Robert Lembke

„Der Neid ist die aufrichtigste Form der Anerkennung"
Wilhelm Busch

„Die Anzahl der Neider bestätigt unsere Fähigkeiten."
Oskar Wilde

Warum aber sind wir neidisch und auf wen, oder was?
Was ist Neid?

Definition :   - oft mit Missgunst oder gar Hass einhergehendes negatives Gefühl gegenüber anderen, weil deren „Besitz" oder „Situation" unerreichbar erscheint

Neid ist so alt wie die Menschheit!!!
Und beginnt schon mit der Geschichte von Kain und Abel in der „Genesis".

Neid sieht man, Neid fühlt man, Neid spürt man!!!
Durch Körperhaltung, Stimme, Mimik und Gestik.
Wir können „blass vor Neid", „gelb oder grün vor Neid werden", man sieht uns an, dass wir „verbissen sind" oder aber man bemerkt unseren „schiefen Blick".

Was folgt daraus – Selbstzerfleischung, Selbstzerstörung …
Der neidische Mensch kann sich zwar durch das Ausleben von Ärger, Wut und Hass psychisch entlasten, aber letztendlich hilft ihm das nichts.

Sein Begehren bleibt ungestillt.
Somit leidet er an seinem eigenen Begehren.
Je stärker der neidische Mensch begehrt, desto mehr nimmt er selbst Schaden.
Diese Selbstschädigung hat Folgen, die ihn auch körperlich zeichnen.

Und nochmal, wollen wir das?

Würde es uns nicht besser gehen, wenn wir damit „souverän" umgehen könnten?

Auch hier haben wir also wieder ein erstrebenswertes Ziel!!!

Ausgehend von dem Ihnen bekannten Spruch „Man sollte nie zufrieden sein …", wollen wir uns nun die Frage stellen, wie kann man Neid verhindern, abstellen, ausschließen …
… man kann nicht!!!

Aber, man kann es lernen (und entsprechend verinnerlichen) „relativ zufrieden zu sein".
Und somit nicht nur ständig nach „noch mehr" zu streben.

Alle Menschen streben danach, gut zu leben …und jeder versteht darunter etwas anderes.

Es geht um Wohlbefinden, Glück und Zufriedenheit.
Wir alle wollen doch irgendwie, irgendwann, irgendwo mal wunschlos glücklich sein, oder ?

Aber vielleicht liegt eine wesentliche Bedingung des Glückserlebens darin, dass zu einem bestimmten Zeitpunkt eben nicht alle Wünsche erfüllt oder noch nicht erfüllt sind, so dass wir uns auch weiterhin nach einer Wunscherfüllung sehnen können.

Dann gehört das Wünschen selbst zum Glück dazu.

Sind wir nicht sogar dann am glücklichsten, wenn uns ein „Gut zufällt", das uns einen Wunsch erfüllt, von dem wir zuvor nichts gewusst haben!?

Unser Ziel sollte es also sein eine gewisse „Neidtoleranz" zu entwickeln.

Das ist die Fähigkeit, gelassen zu bleiben, wenn man feststellt, dass ein anderer „das Gut …" besitzt, das man selbst begehrt.

Dazu bedarf es allerdings eines stabilen Selbstbewusstseins und Selbstwertgefühles!!!

Selbstbewusstsein – Selbstwertgefühl

Was sind Sie wert?
Was wollen Sie wert sein?

Nicht einfach zu beantworten, aber jeder / jede von uns möchte doch „wertvoll" sein?
Wie kriege ich das also hin, wie kann ich „wertvoll" werden?
Was ist wertvoll?

Zunächst ist es wichtig erstmal mit sich selbst „im Reinen" zu sein, soll heißen, ich muss zu mir selbst stehen, mich selbst „leiden" können, mich so annehmen wie ich bin und bereit sein mein Leben aktiv zu gestalten.
Also ich brauche ein entsprechendes Selbstbewusstsein, verbunden mit einem eigenen Selbstwertgefühl.

Kennen Sie den Ausspruch (oder gebrauchen Sie ihn gar selbst),
„ich hätte gern mehr Selbstbewusstsein" …
Wie, was mehr?
Wovon mehr?

Man kann hier nicht zwischen viel und wenig, groß und klein … unterscheiden.
Entweder man hat Selbstbewusstsein, oder man hat eben keines.

Den zweiten Fall mal angenommen, wäre es also ein lohnenswertes Ziel, Selbstbewusstsein zu erlangen?
Mit einem entsprechenden Selbstbewusstsein lebt es sich auf alle Fälle angenehmer.
Sie hätten ein sicheres Gefühl bei allem was Sie tun, Ihr Auftreten wäre souveräner, Sie könnten mit schwierigen Situationen besser umgehen, sie hätten keine Ängste und Unsicherheiten …

Mit anderen Worten „es ginge Ihnen allgemein besser".
Und Sie könnten mit auftretenden Stresssituationen erfolgreicher umgehen, was wiederum gesundheitsfördernder wäre, lebensverlängernd wirken könnte usw.
Also, unser Ziel heißt, entsprechendes Selbstbewusstsein/Selbstwertgefühl uns anzueignen bzw. es entsprechend zu stärken.

Wie aber kann ich genau das erreichen?
Analysieren Sie Ihre „Lebenssituation", soll heißen überlegen Sie, womit Sie zufrieden sind und wo Sie gerne besser/anders wären.
Gehen Sie also mit sich selbst schonungslos „ins Gericht".

Und dann, üben Sie.
Wählen Sie Ihre Worte mit Bedacht, werden Sie ruhiger, überlegter und reagieren Sie nicht zwingend auf alles Gesagte.
Siehe dazu auch Rhetorik und Kommunikation.

Denken Sie daran, Sie haben ein Ziel, das Sie erreichen wollen.

Fazit: **„Man kann (fast) alles machen / erlernen, man muss es nur wirklich wollen"**.
Und mitunter muss man sich auch mal
„selbst in den Arsch treten"

Anerkennung

Wofür arbeiten Sie bzw. was ist der Grund warum Sie etwas tun?

Um Geld zu verdienen, um sich etwas leisten zu können, um etwas zurücklegen zu können für später, um „den Kühlschrank zu füllen"?
Natürlich, auch dafür.
Man ist schon gewissen „Zwängen und Notwendigkeiten" ausgesetzt.

Aber der eigentliche Antrieb ist doch unsere Sehnsucht, unser Wunsch nach Beachtung und Anerkennung.

Man möchte dazugehören, mit dabei sein, geachtet werden und eben … die entsprechende Anerkennung für das erfahren, was man tut.

Das gilt natürlich nicht nur für den beruflichen, sondern auch für den privaten Bereich, denn auch da sollte nicht alles nur selbstverständlich sein und zur Routine werden.
Warum gehen denn soviele „Beziehungen" auseinander oder „funktionieren" nur bedingt?
Man tut und macht, man investiert in die Partnerschaft und … man erfährt keine entsprechende Würdigungen.
Das kann schon sehr frustrierend sein.

Unser Ziel ist also klar (wenn vielleicht auch nur im Unterbewusstsein):
Wir wollen Anerkennung!!!

Wie kann ich diese erringen?
Was bin ich bereit dafür zu tun?
Was ist eigentlich überhaupt Anerkennung?
Und was ist Anerkennung ganz speziell für mich?

Genau diese Fragen sollten und müssten zuerst beantwortet werden, da zum einen die betreffenden Ansichten logischerweise verschieden und zum anderen hiervon auch abhängig ist, ob Sie mit der Ihnen zuteil werdenden Anerkennung auch zufrieden sind.

Der Begriff Anerkennung wird, lt. Wikipedia „… als Synonym für Akzeptanz, Lob oder Respekt verwendet. Gegenseitige Anerkennung gilt als notwendig für jede Art von Zusammenleben, …".

Schlussfolgerung : Wen ich Anerkennung erfahren möchte, sollte ich auch bereit sein andere Personen zu respektieren und somit deren Tun und deren Ansichten anzuerkennen.

Also wichtig ist eine entsprechende „Portion" Tollerranz gegenüber Anderen, so wie ich das auch mir gegenüber von Anderen erwarte.

Wenn ich bereit bin, das zu tun (anzuerkennen) kann ich auch entsprechende Anerkennung erringen.

Was aber ist nun Anerkennung im Allgemeinen und im Speziellen für Sie?
Das Ganze beginnt mit einem einfachen Lob für das von mir „Getanene", z.B. mit einem einfachen „Danke".

Aber auch mit Mimik und Gestik (also ohne Worte) kann Anerkennung ausgedrückt werden.

Es müssen nicht immer „Lobeshymnen" sein. Sicher empfindet jeder/jede anders, aber unser gemeinsames/gleiches Ziel ist doch, das Gefühl zu erhalten, dass mir Anerkennung entgegen gebracht wird, dass ich geachtet und respektiert werde.

Aber denken Sie immer daran, dass Ganze ist keine „Einbahnstraße".

Depressionen

Haben Sie sich auch schon mal verzweifelt nach dem Sinn des Lebens gefragt.
Nichts geht, alles geht schief, es funktioniert nichts wie es sollte …
Und das alles passiert immer nur Ihnen.

Man weiß einfach nicht was man dagegen und überhaupt machen soll, es ist zum Verzweifeln, traurig, …
Und man fragt sich, wie soll das (Leben) nun weitergehen?

Die Folge können Depressionen sein.

Depressionen zeigen sich sehr unterschiedlich und mindestens genauso vielschichtig sind auch die Gründe, die zu dieser Krankheit führen.
Schlechte Laune/Stimmung, niedergeschlagen, lustlos und den Tränen nahe, das kennt wohl jeder. Solch ein vorübergehendes Stimmungstief ist ganz normal und hat nichts mit Depressionen zu tun.

Unter Depressionen verstehen Fachleute eine ernst zu nehmende Erkrankung, die nichts mit einer zeitweisen Niedergeschlagenheit und auch nichts mit persönlicher Schwäche zu tun hat.
Neben Resignation und Melancholie treten oftmals auch körperliche Beschwerden auf.
Somit wird die Lebensfreude, die Erlebnis- und Leistungsfähigkeit beeinträchtigt.

Wer häufigen Belastungen ausgesetzt ist oder Probleme mit bzw. in seinem Umfeld hat, ist anfälliger für Depressionen.
Ob zu Hause oder im Arbeitsleben, Spannungen, Ärger, Leistungsstress, Ignoranz …
führen häufig zum Ausbruch dieser Erkrankung.

Plötzliche Veränderungen im persönlichen Lebensbereich (z.B. der Verlust einer wichtigen Person durch Trennung oder Tod, Finanzprobleme, Rentenbeginn, Arbeitslosigkeit …) bedeuten ebenfalls Stress und stehen häufig am Anfang einer Depression.

Stress ist ein geflügeltes Wort in der heutigen hektischen und harten „Ellenbogen-gesellschaft".

Wohl jeder steht mal gelegentlich unter „Strom", aber dieser innere Dauerdruck hinterlässt Spuren und kann zu Depressionen führen.

Experten haben herausgefunden, dass bestimmte Stoffwechselprozesse bei einer Depression nicht mehr einwandfrei funktionieren.
Serotonin und /oder Noradrenalin können dann ihren „Botenjob" nicht mehr ordnungsgemäß erfüllen.
Dadurch läuft bei der Reizübertragung zwischen den Nervenzellen einiges schief, was sich im Gefühlsleben niederschlägt.

Und auch „Schokolade, Bananen …" sollen dagegen nicht wirklich helfen.

Wie gesagt Depressionen sind eine anerkannte und bekannte Krankheit, die einer entsprechenden Behandlung bedarf.
Es gibt dafür Spezialisten, die ihr „Fach" gelernt haben und auch gut beherrschen.
Und auch positive Ergebnisse erzielen, helfen und heilen können.

Aber auch „Ziele" können dazu beitragen, das Depressionen minimiert und „therapiert" werden.

Wie soll das gehen?

Wenn man davon ausgeht, dass Depressionen auch mangels entsprechender Erfolgserlebnisse entstehen, lässt sich die Frage eigentlich ganz einfach beantworten.
Schaffen Sie sich (und anderen) Erfolgserlebnisse.

Natürlich kann ich mich nur dann über etwas Erreichtes freuen, wenn ich auch weiß, was ich erreichen will, also wenn ich klare Ziele habe.
Überlegen Sie bis wann (ein fest fixierter Zeitpunkt, der mit einem entsprechenden Ereignis gekoppelt sein kann) sich was und wie geändert haben soll (und auch warum!!!).

Stellen Sie einen „Plan" auf und definieren Sie konkret (für sich selbst und andere) was zum Erreichen des Zieles wann, in welcher Reihenfolge, mit wessen Hilfe und Unterstützung, mit welchem Ergebnis erreicht werden soll.

Und vor allem, identifizieren Sie sich mit Ihrem Ziel, verteidigen sie es gegen negative Äußerungen und Bemerkungen und kämpfen sie dafür!!!

So beweisen Sie es nicht nur sich selbst, sondern auch anderen, dass Sie es wirklich ernst meinen und Sie keiner von Ihrem Ziel abbringen kann. Zeigen Sie Charakterfestigkeit.

Sie werden es erleben, mit jedem erreichten Abschnitt, mit jedem Erfolg, mit jedem positiven Erlebnis wird Ihr Selbstbewusstsein, Ihr Selbstwertgefühl zunehmen und mit Ihrer steigenden Sicherheit werden die Depressionen abnehmen.

Ängste / Phobien

Wir alle haben doch immer wieder mal, oder auch konstant, in gewissen Situationen, in gewissen Umgebungen, bei einem entsprechenden Personenkreis, bei spezifischen Tätigkeiten …, Ängste, Abneigungen …

Diese können voraussehbar, überraschend, plötzlich … auftreten.
Auch die Ausdrucksformen sind sehr verschieden, manch einer bekommt panische Zustände, andere werden „nur" rot im Gesicht.

Ängste und Phobien können vielschichtige Ursachen haben.
Sie können sowohl genetische bedingt, aber auch im Laufe des Lebens erworben worden sein.
Also Angst ist in den meisten Fällen „erlernt", soll heißen, dass wir durch eine gemachte Erfahrung (z.B. Zahnarzt …) eine bestimmte Situation als bedrohlich empfinden.

Mitunter reicht es auch schon aus, dass uns jemand eine Situation als bedrohlich schildert.
Und Ängste/Phobien können durchaus zu krankhaften Erscheinungen führen.
Mitunter sind medizinische Maßnahmen erforderlich, die entsprechend therapeutisch untersetzt sind.

Meist wird nach den Ursachen „geforscht", diese werden besprochen, ausgewertet, analysiert ... und über entsprechende menschliche Aufklärungen wird versucht, einem „seine Angst zu nehmen".

Das funktioniert durchaus und man freut sich über die erreichten Erfolge.
Allerdings, eine Garantie, dass das Problem damit endgültig und für immer behoben ist, gibt es natürlich nicht.

Wie wäre es demzufolge auch hier mit Zielen?
Nehmen wir an, Sie haben eine panische Angst, mit dem Flugzeug zu fliegen.
Nehmen wir weiterhin an, Sie haben ein sehr inniges Verhältnis zu Ihrer Tochter/Sohn ... und möchten diese möglichst oft um sich haben ...
Dummerweise wohnen diese aber nun z.B. in Südamerika (und können dort auch nicht weg ...), wo man schlecht mit dem Auto hinkommt, der Weg zu Fuß auch nicht möglich ist und es zum Schwimmen eindeutig zu weit ist.
Also, es bleibt nur das Flugzeug ...

Könnte es nicht ein dringendes, wünschenswertes Ziel für Sie sein, ihre Lieben endlich wiederzusehen?
Das geht aber nur, wenn Sie Ihre Angst überwinden.
Und das sollte es doch wert sein.

Nochmal zum Verständnis, es geht nicht darum Ihre Flugangst des Fliegens wegen abzustreifen, sondern um Ihre Lieben wiederzusehen.
Also mit einem klaren Ziel untersetzt.

Somit helfen also auch hier entsprechende Ziele, bzw. können Ziele helfen,

denn wenn man davon ausgeht, dass Angst „erlernt" ist, sollte es doch auch möglich sein, diese wieder „zu verlernen".

Burnout

Das große „Schlagwort" unserer heutigen Zeit.
Lange Zeit „belächelt" und oft als nicht ernst zu nehmend abgetan.
Bisher aber auch nicht wirklich, endgültig und tiefgründig erforscht und bewertet.

Was also ist „Burnout"?

Burn out = "ausbrennen" (aus dem englischen) bzw. „Ausgebrannt sein" ist ein Zustand ausgesprochener emotionaler Erschöpfung mit reduzierter Leistungsfähigkeit.
(aus Wikipedia, der freien Enzyklopädie)

Der Begriff „Burnout" tauchte erstmals in den 1970er Jahren in den USA im Zusammenhang mit Pflegeberufen auf.
Die Betroffenen haben häufig das Gefühl, dass sie nicht viel erreichen oder bewirken können.

Bei quantitativ und qualitativ steigenden und sich verändernden Anforderungen, erscheint die eigene Leistung im Vergleich zu den wachsenden Anforderungen und im Vergleich zu anderen Personen gering.

Diese Diskrepanz nimmt man als persönliche Ineffektivität bzw. Ineffizienz wahr.

Sie fühlen sich „überlastet", es fehlen die Erfolgserlebnisse und die Misserfolge nehmen zu.

Möglich sein könnte aber auch eine „Unterforderung" (aus dem englischen bore = sich langweilen), Sie fühlen sich nicht anerkannt, Ihre Leistungen werden nicht gewürdigt, Sie glauben viel mehr leisten zu können …

Wie auch immer Sie sind unzufrieden und unglücklich.

Steht also auch hier die Frage, was neben einer entsprechenden medizinischen und therapeutischen Behandlung noch zum Erfolg führen könnte.

Ziele?

Natürlich können diese auch hier hilfreich sein.

Wichtig ist allerdings erstmal eine umfassende Analyse Ihrer momentanen Situation.

Was wollen Sie?

Was behindert Sie?

Warum haben Sie keine Erfolgserlebnisse?

Machen Sie eine Bestandsaufnahme.
Und, stellen Sie sich klare, realistische Ziele.
Bis wann will ich was, wie, wo …erreicht haben?

Was muss ich … dafür tun?

Nur Sie selbst können sich aus „diesem Loch" wieder herausziehen, denn Sie sind es, die sich selbst am besten kennen, sich selbst am besten einschätzen können.
Keiner kennt Ihre Stärken und Schwächen besser als Sie.

Also „ruhen" Sie sich auf Ihrem Burnout nicht aus, richten Sie sich mit Ihrem Burnout nicht ein … , durchbrechen Sie diesen „Teufelskreis" … , mit persönlichen Zielen, mit Zielen, die Sie selbst sich setzen, mit klaren und abrechenbaren Zielen, mit Ihren Zielen.

„Da es sehr förderlich für die Gesundheit ist, habe ich beschlossen glücklich zu sein."
(Voltaire)

Krankheiten

„Dem Gesunden fehlt vieles, dem Kranken nur eines".

Krankheiten gibt es …, sie sind mitunter genetisch bedingt, durch die Umwelt erworben, treten als Folge von Unfällen auf …, aber immer bedeuten sie einen entscheidenden Eingriff in unser Leben.
Ja, sie verändern unser Leben oft radikal und das meistens plötzlich und ohne vorherige Ankündigung.

Meistens ereilen uns Krankheiten gerade dann, wenn wir sie überhaupt nicht gebrauchen können, sie schränken uns in unseren Planungen ein und schmeißen diese mitunter komplett über den Haufen.

Auf alle Fälle kommen Krankheiten immer ungelegen und keiner will sie.

Dazu kommt dass auch viele „Umstände" krank machen können.
So z.B. auch Arbeitslosigkeit bzw. anderweitig fehlende persönliche Perspektiven.
Man stellt sich die Frage, warum und wofür man etwas tun sollte, ist deprimiert … und erzeugt somit entsprechende Krankheitssymptome.

Wie sollen nun hierbei Ziele helfen?

Natürlich können Ziele keine Medikamente, keine Behandlungen, keine Therapien und auch keine notwendigen Operationen ersetzen.
Aber sie können dazu beitragen, dass Heilungsprozesse schneller verlaufen, dass Therapien besser anschlagen, dass man sich einfach schneller besser fühlt.

Das Ziel heißt möglichst schnell wieder „gesund" zu werden, bzw. sich entsprechend dem vorliegenden Krankheitsbild einzurichten.

Man hat doch noch etwas vor im Leben, will etwas Bestimmtes erreichen, etwas bestimmtes schaffen oder machen ... und dazu braucht man eine entsprechende „Gesundheit".
Wissen müssen Sie nur wofür und warum.

Sie kennen doch den Spruch, der Glauben (der Willen) kann Berge versetzen.

Es gilt „das Schicksal" in die eigenen Hände zu nehmen.

Altersziele

Alles geschafft, alles erreicht oder ist doch alles nicht so gelaufen wie Sie es sich gewünscht und vorgestellt haben?

Natürlich können Sie jetzt all diesen vertanen Chancen, schiefgelaufenen Beziehungen, gemachten Fehlern … nachtrauern und sich ständig damit beschäftigen, aber es wird Ihnen dabei nicht wirklich gut gehen und Sie werden in (Alters-) Depressionen verfallen.

Also lassen Sie es einfach.
Das Leben ist noch nicht zu Ende und es liegt an Ihnen wie der „Rest" Ihres Lebens verläuft, Sie haben es in der Hand, Sie können es gestalten, also machen Sie etwas daraus.

Sicher kennen Sie den Spruch „… einmal noch,… da dabei sein,…das möchte ich nochmal erleben,…das möchte ich nochmal sehen,…da will ich nochmal gewesen sein,…darauf warte ich noch,……und dann sterben".
Ab einem gewissen (Alters-) Zeitpunkt ist dieser „Spruch" durchaus ernstgemeint und spielt für die betroffenen Personen eine nicht unerhebliche Rolle.

Wovon sprechen wir hier also – von Zielen.
Ziele sind gerade im letzten Lebensabschnitt nicht zu unterschätzen und mitunter durchaus „lebensverlängernd".

Trotz vielleicht körperlichem und/oder geistigem Verfall kann ich mich, an für mich wichtigen Dingen erfreuen.

Man möchte die Entwicklung der Kinder/Enkel/Urenkel miterleben und vielleicht auch aktiv begleiten.

Den nachfolgenden Generationen soll etwas (möglichst von mir persönliches – im Sinne von, dadurch erinnert man sich an mich) mit auf den „Lebensweg" gegeben werden.

Bei einem wichtigen Ereignis (Geburt, Hochzeit …) möchte man mit dabei sein.

Oder auch eine eigene, bestimmte Alterszahl (z.B. 80, 90, 100,…) erreichen.

Vielleicht ist es auch eine bestimmte Person, für die man da sein möchte, die einen braucht, mit der man zusammen sein möchte.

Alles Ziele, die gerade im Alter eine wichtige Rolle spielen.

Es geht darum „sein Lebenswerk" zu vollenden.

Unser aller Ziel ist es doch, zum Ende des Lebens „mit sich selbst im Reinen zu sein",
„keine offenen und ungelösten Probleme zu hinterlassen", „alles geregelt zu haben" … und somit „friedlich" von dieser Welt zu scheiden.

Leider erreichen dieses große Ziel nicht alle, denn gewisse Lebensumstände (Krankheiten, Unfälle, familiäre Ereignisse, …) verhindern das.

Aber zu mindestens sollte man das Ziel haben, dieses Ziel zu erreichen.

Motivationen

Alles bisher Gesagte beschreibt entsprechende Motivationen für Ihre Ziele.
Nur wenn Sie motiviert sind, können Sie Ziele in Angriff nehmen.

Ihre Motive sind es, die Sie antreiben, denn nur dann machen Ziele auch Sinn, wenn sie entsprechend untersetzt sind.

Also am Anfang stehen die Motive.
Daraus ergeben sich Ziele.

Und nur solange Ihre Motive bestehen, Sie also motiviert sind, werden Sie auch Ihre Ziele im Blick behalten.
Stellt sich also die Frage, wie kann ich mich ständig aufs Neue (selbst) motivieren?

Wichtig ist dieses besonders bei zwischenzeitlichen Rückschlägen, nicht vorhersehbaren Unwägbarkeiten, plötzlichen Unglücksfällen ..., also immer dann, wenn mein Ziel in der Ferne „zu verschwimmen" und mir „zu entgleiten" droht.

Rufen Sie sich Ihr Ziel ins Gedächtnis, stellen Sie sich (bildlich) Ihre Glücksgefühle beim Erreichen des Zieles vor, aber auch die (vielleicht anstehenden) Probleme/Schmerzen beim Scheitern.

Stellen Sie sich also die Frage „Was wäre wenn …?"

Mit anderen Worten, sprechen Sie mit sich (ist durchaus wörtlich gemeint), sind Sie dabei absolut ehrlich zu sich selbst und überzeugen (motivieren) Sie sich von der, auch weiteren Richtigkeit Ihres Zieles.

Ziele anpassen

Nicht alle Wünsche, Träume …(Ziele) gehen in Erfüllung.

Mitunter hält das Leben eigenartige Wendungen für uns bereit, es ist ein ständiges auf und ab.
Soll heißen, nicht immer erreiche ich meine mir gestellte Ziele.

Das ist wohl jedem von uns klar und dennoch sind „Niederlagen" bitter, teils schwer zu verkraften, deprimierend …
Es wäre so schön gewesen, wenn …

Die Gründe, warum Ziele nicht erreicht worden sind (erreicht werden konnten …), können vielfältig sein, es gibt objektive, aber auch subjektive Gründe.

Schnell verfällt man in das Schema, dass andere daran Schuld sind, etwas falsch gemacht haben, mir etwas nicht gönnen …

Natürlich kann ich mich darauf zurückziehen und sagen „die Welt ist schlecht", aber hilft mir das „meine Niederlage" zu überwinden?

Wie sagt man so schön, dass Leben geht weiter.
Also, auf zu neuen „Ufern", auf zu neuen Zielen.

Genau und gerade jetzt sollten Sie „den Stand der Dinge" analysieren und somit die Frage (nur für sich) beantworten – „warum habe ich mein Ziel nicht erreicht"?

Gehen Sie offen mit „Niederlagen" um und sind Sie vor allem zu sich selbst ehrlich.

Und … stellen Sie sich neue Ziele, bzw. passen Sie Ihre Ziele den „Gegebenheiten" an.

Ihre Reaktion könnte sein „…jetzt erst recht…" oder „…wenn nicht so, dann eben anders…" oder „…das ist mir sowieso viel lieber…" oder „…das ist ohnehin die bessere Lösung…" oder …

Wie auch immer, stehen Sie dazu und somit auch zu sich selbst.
Neue bzw. angepasste Ziele bringen auch wieder neuen Schwung und neue Motivationen und dass wiederum ist wichtig für die Zielerreichung.

Also, um „ans Ziel zu gelangen" gibt es mehrere, mitunter auch verschiedene Wege, oder anders gesagt
                „viele Wege führen nach Rom".

Anleitung zum „Zielefinden"

Natürlich gibt es dafür keine Patentlösungen.
Jeder Mensch ist anders, jeder empfindet anders, jeder sieht seine Probleme anders und jeder hat demzufolge auch andere Ziele.
Kommen Sie zur Ruhe, analysieren Sie die Situation nüchtern, das heißt ohne Emotionen, ohne Schuldzuweisungen und allumfassend.

„Manchmal muss man einen Schritt zurückgehen, um den Überblick wieder zu bekommen".

Ganz wichtig ist die innere Ruhe, zu der Sie finden müssen, sowohl allgemein, als auch ganz im speziellen.
Suchen Sie sich einen Ort an dem Sie mit sich alleine sind.
Träumen Sie Ihre Ziele.
Stellen Sie sich Ihr Wohlbefinden vor, wenn Sie – was auch immer – erreicht haben.
Dann sollten Ihre „Zielüberlegungen" beginnen.

Was möchte ich, was kann ich, was will ich …
warum und weshalb … bis wann, wo, wie …
schaffen?
Welche Voraussetzungen müssen erfüllt sein?
Wer müsste was, wie, wo, bis wann (für mich) tun, damit ich meine Ziele erreichen kann?

Das sind Ihre speziellen Fragen die zu beantworten und nur durch Sie zu beantworten sind.

Wägen Sie für und wieder ab, überlegen Sie Vor- und Nachteile.
Machen Sie sich eine persönlichen „Checkliste".
Also schreiben Sie das alles auch auf.

Untergliedern Sie Ihre Ziele in zeitliche, realistische Abschnitte, die auch nach-vollziehbar und kontrollierbar sind.

Schmeißen Sie das Aufgeschriebene nicht weg, sondern bewahren Sie es an einem „sicheren" Ort auf, zu dem nur Sie Zugang haben.
Und … legen Sie es sich zur „Wiedervorlage" regelmäßig selbst vor.

Eventuell sollten Sie die erreichten Abschnitte auch systematisch „abhaken" und das nicht nur bildlich, sondern durchaus auch richtig mit Schreibgerät.

Sie werden merken, wie Ihre Selbstsicherheit und Ihr Selbstbewusstsein sich entwickeln und Ihre innere Freude über das Erreichte steigt.

Somit kommen Sie Ihren Zielen (kontrolliert) immer näher, ein gesunder Ehrgeiz wird Sie erfassen und es wird Ihnen Spaß machen auf diesem Weg weiter voran zu- schreiten.

Immer – Ihre Ziele – vor Augen …

Nochmal ein Resümee

Lernen Sie, mit Zielen zu leben.
Stellen Sie sich Ziele, kurzfristige, mittelfristige und langfristige.

Überprüfen und korrigieren Sie diese, Ihre Ziele ständig.
Bringen Sie Ihre Ziele in Einklang, bzw. stimmen Sie diese mit Ihren Träumen und Wünschen ab.

Sprechen Sie auch mit anderen über ihre Ziele, denn diese könnten ihnen vielleicht sogar behilflich sein beim Erreichen.
Sie wissen doch „Beziehungen sind …".

Ganz wichtig: Ziele sollten realistisch sein!

Bauen Sie keine „Luftschlösser", denn die Enttäuschung beim Nichterreichen der Ziele ist dann um so größer.
Beginnen Sie mit kleinen Zielen, steigern Sie diese kontinuierlich, aber verlieren Sie nicht die Übersicht.

Denken Sie aber auch daran: „Wer all seine Ziele erreicht hat, hat sie sich als zu niedrig ausgewählt".
(Herbert von Karajan)

Und, wenn Sie ihre Ziele erreicht haben, dann tun Sie dies auch kund, freuen Sie sich ausgiebig, belohnen Sie sich selbst dafür und genießen Sie es.

Es wird Ihnen gut tun.

Freuen Sie sich auf Ihre immer wieder neuen Ziele und ärgern Sie sich nicht allzu lange und zu sehr, wenn das eine oder andere Ziel nicht ganz oder auch überhaupt nicht machbar gewesen ist.

Auch diese „Niederlagen" gehören dazu.
Das Entscheidende ist, dass Sie etwas Nützliches, etwas Wichtiges, etwas Wertvolles, etwas Notwendiges … für sich oder andere getan haben.

Und so – haben Sie Spuren hinterlassen.

„Das Geheimnis des Könnens liegt im Wollen."
Giuseppe Mazzini (1805 – 1872)